Luna no entiende por qué son importantes

las matemáticas, pero Pitagorín está dispuesto a demostrarle su valor, y a través de ejemplos cotidianos y fenómenos naturales, le enseña a Luna cómo las matemáticas están presentes en todo lo que nos rodea, desde el funcionamiento de los móviles hasta la belleza de los hexágonos en las colmenas de abejas. Con paciencia y muchas historias fascinantes, Pitagorín logra que Luna vea las matemáticas con otros ojos y las valore como nunca antes.

Valores implícitos

Las matemáticas se presentan como una herramienta esencial para comprender y apreciar el mundo. La curiosidad y la paciencia son destacadas como virtudes importantes para aprender. La cooperación entre Luna y Pitagorín subraya la importancia de trabajar juntos para superar desafíos y adquirir nuevos conocimientos. Además, fomenta el aprecio por el aprendizaje y la belleza que se encuentra en la naturaleza y en la ciencia.

Descubre las Matemáticas con Pitagorín y su amiga Luna

© del texto: José Maseda García
© de las ilustraciones: Michelangelo Stassi
© del diseño y corrección: Equipo BABIDI-BU

© de esta edición:
Editorial BABIDI-BU. 2025
Avda. San Francisco Javier, 9. 6ª, 23
Edificio Sevilla 2
41018 - SEVILLA
Tlfn: 912 665 684
info@babidibulibros.com
www.babidibulibros.com

Impreso en España
Primera edición: junio, 2025

ISBN: 979-13-87735-91-3
Depósito Legal: SE 719-2025

José Maseda García

Ilustrado por Michelangelo Stassi

Descubre las Matemáticas con Pitagorín y su amiga Luna

¿Cómo ayudar a tus peques a disfrutar del cómic?

El objetivo de este cómic es despertar y potenciar el interés natural de niños y niñas por descubrir y aprender. En esta etapa de su vida, se sienten fascinados por el «por qué» y el «cómo». Es el momento perfecto para aprovechar su curiosidad innata y convertirla en una herramienta de aprendizaje.

Cada ventana del cómic está diseñada para inspirar preguntas y fomentar el juego del descubrimiento. Ayuda a tus pequeños a reflexionar e indagar con preguntas como:

· ¿Cómo sabe el teléfono que quiero llamar, fotografiar o calcular?

· ¿Cómo se recorta una foto o se le cambia el brillo?

· ¿Cómo calcula un ordenador?

· ¿Qué pasaría si las abejas hicieran celdas redondas?

· ¿Por qué las caracolas del mar tienen forma de espiral?

· ¿Son iguales las lentes de los miopes y las de quienes tienen astigmatismo?

· ¿Cómo logran los audífonos reducir el ruido ambiental?

Aprovecha este momento para explorar con ellos, aprender juntos y estimular su capacidad de plantear hipótesis. No hay respuestas incorrectas, solo un mundo lleno de posibilidades por descubrir.

¡Que el cómic sea el inicio de grandes aventuras de aprendizaje compartido!

Odio las matemáticas, no sirven para nada.

Estás muy equivocada, se utilizan desde el teléfono móvil hasta en los penaltis.

Pues no veo que tenga números.

Tiene casillas por donde pasa la electricidad y los matemáticos las convierten en números.

¿Cómo?
Si pasa corriente ponen un 1 y, si no, ponen un 0.

Pero solo hay dos.

Utilizan una forma de convertirlos al sistema decimal. Mira la tabla.

32	16	8	4	2	1	
1	1	1	1	1	1	
0	0	1	0	1	0	8+2=10
0	1	0	1	1	0	16+4+2=22
1	0	0	0	1	1	32+2+1=35
0	1	1	1	0	1	16+8+4+1=2
1	0	1	0	1	0	32+8+2=42
0	1	1	0	0	1	16+8+1=25
1	0	0	0	0	1	32+1=33
0	1	1	1	0	0	16+8+4=28
1	0	0	1	0	0	32+4=36
1	1	0	0	0	0	32+16=48
1	0	1	0	1	1	32+8+2+1=4
0	1	0	0	1	1	16+2+1=19
1	0	0	1	0	1	32+4+1=37
0	0	0	1	1	1	4+2+1=7

¿Cómo funciona el teléfono?

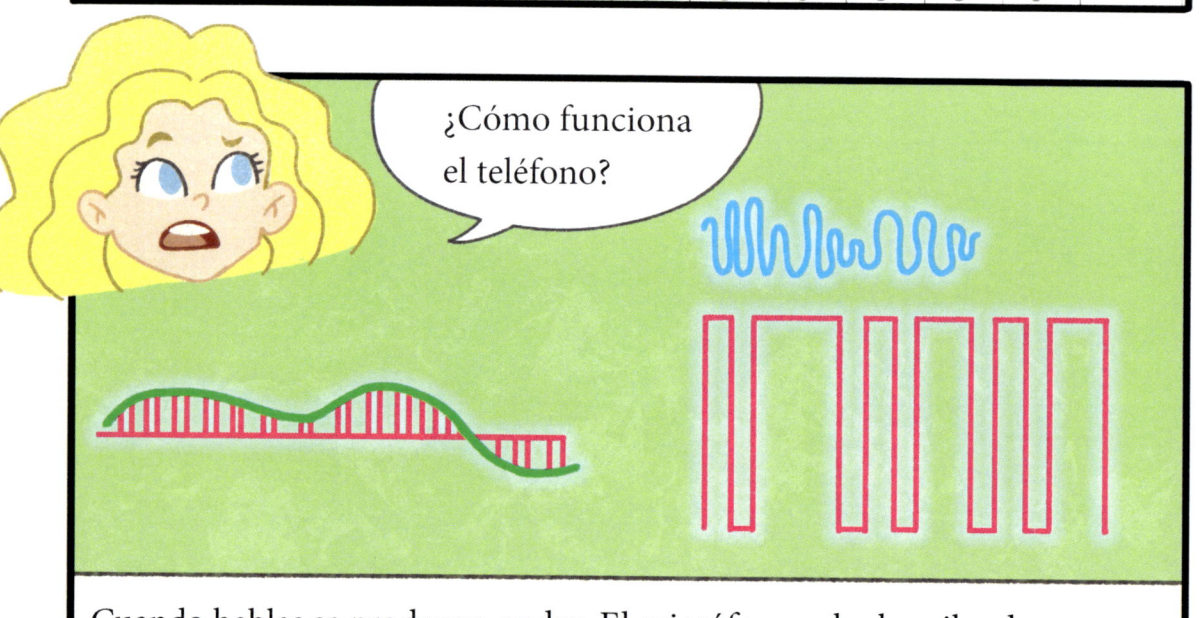

Cuando hablas se producen ondas. El micrófono calcula miles de veces sus alturas, las convierte en ceros y unos que llevan a la antena. Esta las convierte en ondas electromagnéticas que emiten a la antena más cercana.

Y el teléfono que recibe la llamada hace lo contrario: convierte las miles de alturas en ondas.

También hay muchas mates en las fotos. La cámara tiene sensores que calculan la proporción en números de los colores básicos de cada punto (rojo, azul y verde).

Ya sé, esos números se convierten en ondas electromagnéticas que el teléfono de mi amigo recibe, los transforma en ceros y unos y su pantalla reconstruye en cada punto el color.

Las abejas forman su colmena con hexágonos.

¿Por qué?

No hay espacios entre ellos y cada pared sirve para dos celdas.

Los copos de nieve también son hexagonales por la composición del agua (dos hidrógenos y un oxígeno).

Las bandas de pájaros vuelan formando triángulos para aprovechar los remolinos que forman las que van delante.

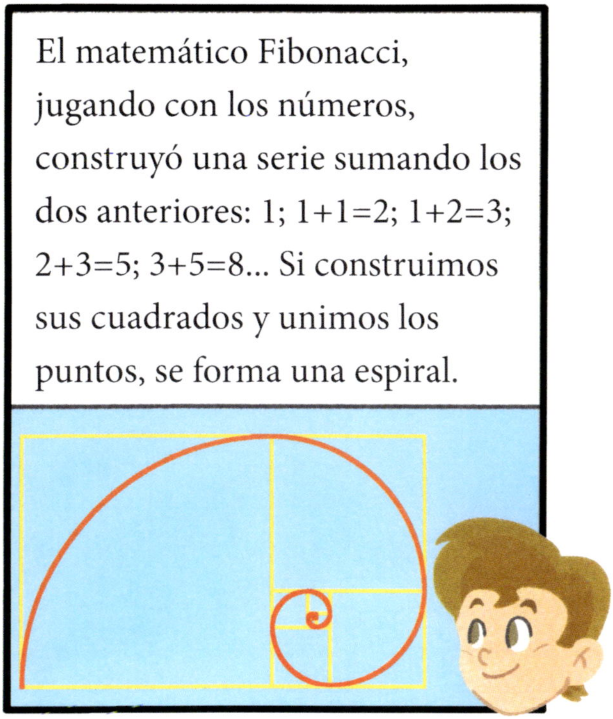

El matemático Fibonacci, jugando con los números, construyó una serie sumando los dos anteriores: 1; 1+1=2; 1+2=3; 2+3=5; 3+5=8... Si construimos sus cuadrados y unimos los puntos, se forma una espiral.

¿Qué tiene que ver esa espiral con la naturaleza?

Muchas plantas crecen de esa forma para aprovechar mejor el sol y que escurra el agua a la raíz.

También los caracoles y las caracolas de mar tienen forma de espiral.
Y hasta el ADN.
Sé lo que es, un pequeño computador en cada célula.
Y las galaxias.

¿Hay más mates en la naturaleza?
Muchas más, hasta las gallinas ponen los huevos con forma de doble curvatura para proteger a sus polluelos. Nosotros la utilizamos en los embalses para resistir la gran presión del agua.
¿Utilizamos otras técnicas de los animales?
Muchas, por ejemplo, los murciélagos emiten sonidos que les indican las distancias y nosotros tenemos el sonar para encontrar submarinos y bancos de peces.
Y algunos aviones tienen formas de pájaro, consiguiendo así ser más aerodinámicos.

Imposible.

Aunque no te lo creas, un matemático llamado Eratóstenes midió la circunferencia de la Tierra.

¿Cómo?

Se dio cuenta de que las sombras eran diferentes según el lugar. Las midió entre dos ciudades situadas a 800 km, calculó el ángulo (7,2 grados) y, como la Tierra tiene un ángulo de 360°, hizo: L = 360 × 800 / 7,2 = 40 000 km.

Era un genio.

En Egipto, el río Nilo cada año inundaba el valle por lo que debían calcular después la superficie de cada finca formando triángulos.

¿Por qué triángulos?

Tienen tres lados y tres ángulos; si conocemos tres cosas que no sean los tres ángulos, las mates nos calculan lo que falta.

Me han dicho que podemos calcular la distancia a las estrellas.

El método se llama paralaje.

Sabemos la distancia que la Tierra recorre en medio año, calculamos los ángulos, formamos un triángulo y las mates nos dan la distancia.

Estaba aburrido en su habitación, vio una mosca en la pared y pensó cómo determinar su posición con números.

¿Lo consiguió?

Sí, la cuadriculó como en el juego de los barcos.

¿Es útil la idea?

Mucho, sirve para navegar. Antes lo hacían sin separarse de la costa, anotando lo que veían, pero al cuadricular la Tierra pueden saber su posición con la longitud y la latitud.

¿Qué son?

La Tierra la han dividido en paralelos y meridianos. La longitud mide el ángulo entre el meridiano 0 y su posición y la latitud, el ángulo entre ellos y el Ecuador.

¿Cómo la calculan?

Lo hacen con un sextante, miran el ángulo entre la estrella Polar y el horizonte.

¿Los barcos actuales llevan sextantes?

No, ahora utilizan el sistema GPS.

¿En qué consiste?

Alrededor de la Tierra hay muchos satélites, con tres de ellos se calculan los ángulos o las distancias y determinan la posición exacta.

La idea de Descartes tiene muchas aplicaciones, hasta los teléfonos la utilizan mandando la posición.

Vamos a visitar la Alhambra.

Las paredes están llenas de mosaicos, no hay cuadros.

Eso es porque su religión les prohíbe la representación de imágenes.

En los mosaicos se repiten los dibujos.

¿Cómo consiguen construir edificios bellos?

Ellos creen en un solo Dios que está en todas partes. Toman un dibujo, lo trasladan, lo giran y construyen simétricos ocupando todo.

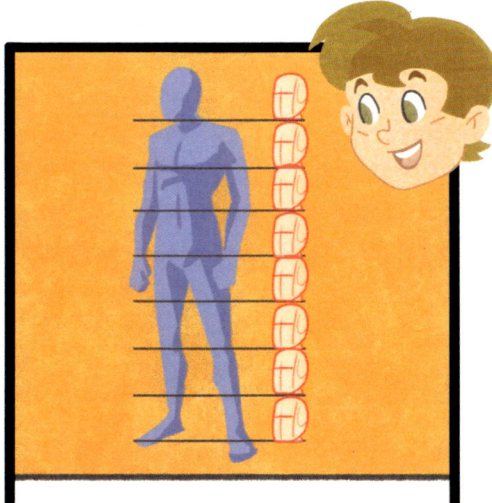

Cada vez son más altos, ¿de qué manera lo hacen?

Deben tener unas proporciones adecuadas. Hasta las personas estamos proporcionadas: el cuerpo mide 8 cabezas, el tronco 3, la pierna 4.

Utilizando nuevos materiales. En las catedrales usaban piedra y las hicieron más grandes mediante arcos que repartían el peso, contrafuertes y otros trucos.

¿Utilizan las matemáticas en la pintura?

Por supuesto, mira la diferencia entre un cuadro egipcio, uno medieval y uno renacentista. En el último hay perspectiva, las figuras más lejanas se ven más pequeñas.

Las imágenes nos llegan a los ojos y se proyectan en la retina que está en el fondo.

¿Qué les pasa a los que llevan gafas?

Que sus ojos están achatados y las imágenes no se proyectan en la retina, por eso las ven borrosas.

¿Y de qué forma se arregla?

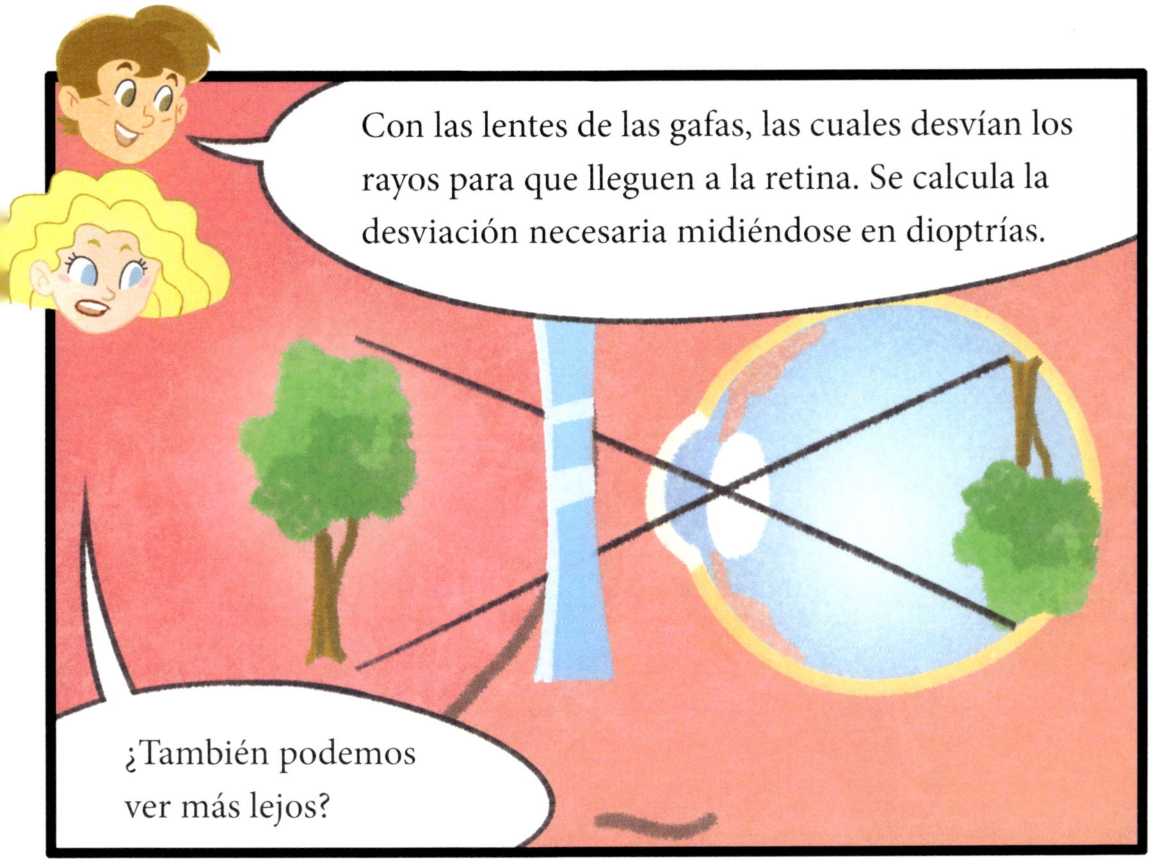
Con las lentes de las gafas, las cuales desvían los rayos para que lleguen a la retina. Se calcula la desviación necesaria midiéndose en dioptrías.
¿También podemos ver más lejos?

Claro, por ejemplo, Galileo construyó un sencillo telescopio con el que pudo ver manchas en el Sol y confirmó la idea de Copérnico: era la Tierra la que giraba alrededor del Sol y no al revés.
¿Se utilizan ahora telescopios?

Por supuesto, aunque mucho más potentes, por ejemplo, el Hubble, que tiene una lente 200 veces mayor que la de Galileo y gira en el espacio para evitar la distorsión de las imágenes debida a la atmósfera.

¿Es verdad que la pulieron mal y lo veía todo distorsionado?

Sí, tuvieron que bajarlo y volver a pulirla. Para evitar esos errores, construyeron el telescopio Webb poniendo espejos hexagonales más ligeros. Es una maravilla, consigue ver galaxias situadas a 11.700 millones de años luz de nosotros.

Y hasta podemos observar cosas muy pequeñas.

Muy bien, Luna, eso lo logramos con los microscopios.

¿Has jugado al diábolo?

Sí, es muy divertido.

Los matemáticos también le ven una utilidad. Lo cortan por distintos lugares y obtienen circunferencias, parábolas y elipses.

Las circunferencias son muy útiles, están por todos los sitios.

Y las parábolas también, en las fuentes, el lanzamiento de un balón, en los puentes colgantes, en monumentos como el arco de San Luis y hasta en las antenas.

¿Por qué en las antenas?

Porque concentran las ondas de televisión.

¿Y en el juego de la comba?

La cuerda del juego no forma una parábola, tiene forma de catenaria.

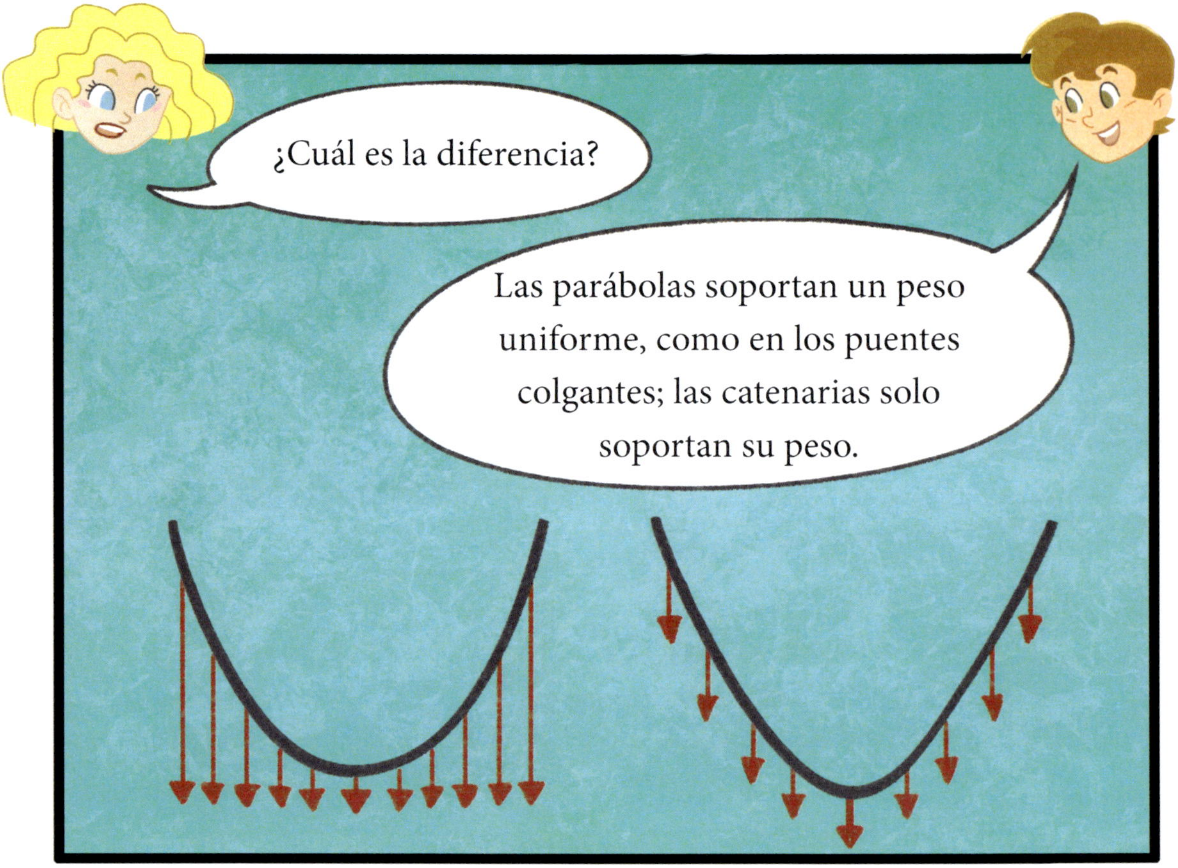

¿Cuál es la diferencia?

Las parábolas soportan un peso uniforme, como en los puentes colgantes; las catenarias solo soportan su peso.

He visto catenarias en la fachada de la catedral de la Sagrada Familia de Barcelona.

Las elipses son las reinas de los astros, todos giran formando esa curva.

Y hasta la elíptica que tenemos en casa para hacer ejercicio.

El maravilloso mundo de las matemáticas

· ¿Sabías que sin las matemáticas no tendríamos teléfonos móviles? Aunque no veamos números en ellos, cada vez que hablas o envías una foto, los dispositivos convierten nuestras voces e imágenes en números. ¿Puedes imaginar cómo sería nuestra vida sin estos dispositivos? ¿Qué otras cosas crees que usan matemáticas para funcionar?

· La naturaleza es un genio matemático. Desde la forma hexagonal de las colmenas de abejas hasta las espirales de las galaxias, las matemáticas están por todas partes. ¿Te has fijado en la forma de los caracoles o de las hojas de las plantas? ¿Qué otras formas geométricas puedes encontrar en la naturaleza a tu alrededor?

· ¡Podemos medir cosas enormes sin ni siquiera tocarlas! Eratóstenes calculó la circunferencia de la Tierra observando sombras. Piensa en cómo usamos las matemáticas para medir distancias en el espacio o la profundidad del océano. ¿Qué lugar te gustaría medir y por qué?

· Las matemáticas nos ayudan a entender nuestra posición en el mundo. Desde los antiguos navegantes que usaban las estrellas hasta los modernos GPS en nuestros teléfonos, saber dónde estamos es crucial. ¿Cómo crees que sería viajar sin estas herramientas? ¿Podrías encontrar el camino solo con mapas y brújulas?

Las matemáticas no solo nos ayudan a entender y mejorar nuestra tecnología y nuestro entorno, sino que también nos enseñan a ver la belleza y el orden en el mundo que nos rodea.